하담 김현숙 시집

귀어 歸漁
암 환자 시인이 환우들에게 바치는 희망 이야기

도서출판 태원

시인의 말

 생명의 문고리

겹겹이 가을을 덧칠한
그림을 그렸네.

앙다문 저 입
언제 열릴까?
누군가 찾아와
잡아당기면
시들한 국화꽃 같은
반백의 친구가
빼꼼히 반길 것 같은
막다른 저녁

봉의산 하늘에 번진
붉은 눈물 자국
넌 혼자가 아니야!
잎 진 담쟁이덩굴에
매달려 소리치는
생명의 문고리들.

차례

시인의 말 | 03

1부 귀어

귀어歸魚__ 11
아파보니 알겠어요__ 12
예지몽__14
하얀 방__ 16
백색의 어둠__ 18
대장암 판정__ 20
딸의 면회__ 21
예측 불가__ 22
간호사들__ 23
몸무게__ 24
오이지__ 25
간절한 한 끼__ 26
퇴원 전날__ 28

2부 경춘전철

꽃버선__ 33
경춘전철__ 34
초겨울 비__ 36
짜릿함__ 38
검은 옹이 꽃__ 39
CT 검사__ 40
그 모자__ 42
새벽 눈 내리고__ 44
살아있네__ 46
개구리가 사네__ 48
소원나무__ 50
동지팥죽__ 52

3부 새우젓

만사형통萬事亨通__ 55
새우젓__ 56
동창들__ 58
홈쇼핑 중독__ 60
산나물__ 62
아이스팩__ 63
나무는 서서__ 64
수국__ 66
하얀 사금파리__ 67
찔레꽃__ 68
봉의산__ 69
죽은 새 한 마리__ 70
봄볕 한 줌에__ 71
수술 2년 후__ 72
출산__ 73

4부 귀향

불두화__ 77
귀향__ 78
수정 촛대 위에 황홀한 촛불을 켜네__ 80
햇살 따스한 겨울 길목에 서서__ 82
CC카메라__ 84
찔레나무__ 86
그저 봄·봄인 것을__ 88
김유정 동상__ 89
매발톱꽃 편지__ 90
오대산 나옹대에 서서__ 92
잎새 달__ 94
답장 없는 편지__ 95
원창고개 표지판__ 96
효자동 벽화마을__ 98
막다른 가을__ 100
청동빛 그 남자__ 102

5부 영생불명

구곡폭포__ 107
모순 -영생불멸__ 108
모순 -용감한 형사들__ 110
모순 -최후의 한 방__ 112
모순 -맨홀__ 114
모순 -확증편향__ 116
빈껍데기__ 118
화천 한옥학교 수료식__ 120
붉은 도시__ 122
석별惜別__ 123
밤꽃 여인__ 124

1부

강으로 돌아온 연어가
모래에 꼬리를 털어 산란하듯
까무륵히 가라앉았다

귀어 歸魚

2023년 8월 17일 침대를 밀고 간 건 희부연 새벽이었어. 여름 끝자락인데 오한이 났어. 온천지가 하얀 설국에 들어서자 까무룩 한강 바닥이 보였어. 수십 개의 침대가 스켈레톤 선수처럼 출발선에서 대기했어. 병든 물고기들이 이름과 병명을 대고 각자 하얀 갈래 길로 흩어졌어. 오한이 났어. 꽝꽝 언 얼음에 구멍을 내고 병든 내장을 잘라낸다니까. 하얗게 질린 침대가 멍하니 들어왔던 문을 바라봤어. 두 아이가 물방울처럼 떠오르다가 이내 캄캄한 어둠 속에 가라앉았어. "정신이 드세요?" 하얀 문을 나선 침대 위에서 낯선 피 주머니가 빨간 눈물을 흘리고 있었어. 배꼽을 중심으로 찍힌 다섯 군데의 상처에서 비명이 새어 나왔어. 고통의 문 앞에서 실로 꽁꽁 묶인 배 위의 말뚝을 봤어. 의사들이 메스로 새겨준 생명 텃밭. 윤기를 잃었던 비늘들이 조금씩 되살아났어. 닷새 후에 강을 벗어나도 된다는 티켓이 발부됐어. 아들이 운전하는 차창 밖으로 푸른 한강이 스쳐 지나갔어. 하얀 설국과 푸른 강이 뒤엉킨 빗물이 춘천 원창고개까지 흘렀어. 꽁꽁 얼었던 얼음판이 녹아 눈물이 되었어. 3년 전 원창고개길 넘어 안식원으로 떠나신 아버지, 생의 오르막과 내리막은 피할 수 없는 운명선. 집에 도착해 비밀번호를 누르자 배꼽을 중심으로 돌던 시계가 22일 20시라고 소리쳤어. 따뜻한 수초를 얹은 연어가 아가미를 열고 힘없이 소양호에 안부를 전했어.

아파보니 알겠어요

아파보니 알겠어요
세상엔 사랑하는 사람이 떠날까 봐
밤새 눈뜨고 떠는
별들이 많다는 걸

아파보니 알겠어요
세상엔 나보다 더 많이
고통스럽게 시들어가는 꽃들이
수없이 많다는 걸

아파보니 알겠어요
흰 가운 입은 의료인들을
왜 생명의 천사라 부르는지

아파보니 알겠어요
영혼의 텃밭에 심어진
기억의 뿌리가
끈질기게 붙잡았기에
내가 별이 되지 않았다는 걸…

예지몽

병원 예약 전날
꿈속에서 소복한 여인이
'탕'
총 맞고
피흘리며 쫓아왔지
공지천 다리 중간에서
'스르륵'
백지가 되어 날아간 그녀

S대 대장항문과 의사가
그녀의 정체를
'대장암 3기'라며
수술을 권했지.

외과 의사가
수술 날짜를 잡자
갑자기 식은 땀 흘리는 그녀

"수술하면 괜찮을 거야"
딸과 벤치에 앉아
피 묻은 옷자락 사라진 하늘
멍하니 쳐다봤지.

하얀 방

새벽 6시 반
침대가 나를
하얀 방으로 끌고 갔네.

여기는
싸락눈 한 톨 없는 설국
이름과 병명 3번 말한 후
깊은 바닷속에 잠겼네

"환자분, 정신이 드세요?"
나를 깨운 침대가
스르륵
하얀 문을 열고 나왔네

여기는
싸락눈 한 톨 없는 설국
떠난 여인이 흘린 눈물이
뚝뚝

피 주머니에 고이고
온몸의 통증이
꽹가리처럼 날뛰었네.

간호사가 말했네
하얀 방의 암흑은
겪어야 벗어날 수 있다고…

백색의 어둠

이름과 병명
입국 절차를 끝내야
갈 수 있는 나라

출국 절차도 없이
다가온 하얀 어둠
'사르륵'
문이 열리면 찍히는
배꼽 주변의 붉은 스탬프

"엄마 잠들면 안 돼"
아들의 절규에도
눈꺼풀은
실잠자리 날개

백색의 어둠이 내리자
'딸깍딸깍'

무통 주사액
등에 지고 내려오는
거미 한 마리

대장암 판정

컴퓨터 화면에 비친 대장 안은 마치 깊은 동굴 같았어. 종유석이 벽을 꽉 채워 내시경이 통과할 수 없었어. 종유석은 음습한 동굴에서 허락도 없이 숨어 살던 하얀 소복의 여인. 의사는 큰 병원에 가보라 하고 아들은 수술받으면 괜찮다고 위로했어. 거친 폭우에 바위가 쓸려가듯 암도 그렇게 사라지길 바랐어. 딸이 직장의 협력으로 어렵다는 S대 병원을 예약했어. 의사는 대장암 3기지만 수술 후 관리 잘하면 예후가 좋다고 했어. 이번 기회에 그녀를 없애야 내가 사라지지 않아. 철거 앞둔 골목에 빨간 경고판 붙이듯 8월 13일 입원, 17일 수술 날짜를 잡았어. 열흘 동안 피눈물 흘릴 각오에 다리가 후들거렸는데, 왠지 가슴이 짠했어. 내 안에 숨어 있었던 그녀가 생판 남 같지는 않았으니까…

딸의 면회

병원 복도에, 온통 황새처럼 마스크를 쓴 사람들이 오가네. 이곳 패션은 복대와 허리춤에 찬 피 주머니, 링거를 단 주사 대를 끌어야 제격. 수술 다음 날 면회 온 딸에게 "괜찮아. 엄마는 괜찮으니 그냥 가." 힘없이 빨리 가라고 손짓했네. 고인 피가 마르면서 창자를 쏟아내는 고통이 찾아왔네. 세상 누구도 대신할 수 없는 내 몫의 통증, 칼 맞은 장수처럼 비장해져야지. 불현듯 산통 끝에 딸을 품에 안았을 때의 황홀함을 느꼈네. 사랑은 고통을 잊게 하는 마법, 딸이 잡았던 푸르딩딩한 손에 온기가 돌았네. 아! 생명은 핏줄로 연결된 사랑, 갑자기 통증을 이길 자신이 생겼네.

예측 불가

보호자 없는 S대 통합 암 병동. 70대 후반 할머니와 60대 중년 여성이 입원했네. 죽을 만큼 아픈데 할머니가 큰 소리로 스피커 폰을 켜서 화가 났네. 간호사는 할머니의 귀가 어둡다며 이해를 부탁했지. 고령의 할머니가 내일 대장암 수술을 견딜 수 있을까? 마음이 짠했네. 60대 중년 여성은 "5년 전 대장암 수술하고 완치 판정 받았는데 기침이 멎지 않아서 하는 간단한 수술"이라며 아는 체를 했네. 이튿날 할머니는 정정했는데 그녀는 예상 시간을 한참 넘기도록 소식이 없었네. 늦은 저녁에 돌아온 그녀에게 의사는 "가슴을 절제하니 암이 많이 번진 상태"라고 했네. 절망의 울음소리가 들렸네. 할머니는 혼자 화장실을 출입했는데 그녀는 하루 종일 침대에서 흐느꼈네. 착하게 생긴 그녀의 남편이 병실을 옮기는데 그의 얼굴도 흙빛이었네. 생사를 다투는 병실에선 아무것도 예측할 수 없나 봐. 한 달 후 주사실에서 할머니를 만나 인사했지만 알아보지 못했네. 병실을 옮긴 중년 여인은 그 후 어떻게 되었을까? 남편이 곁에 있으니 괜찮아졌겠지. 정말 그랬으면 좋겠네.

간호사들

야간 근무하는 간호사들을 보면 마음이 아팠다. 춘천의 모 병원에서 밤새 근무하고 있을 아들 생각에… 환자에게 진심인 간호사의 상냥한 눈빛에 마음이 편안했다. 나이 든 간호사는 "간호사 일 참 힘들어요. 퇴원하면 아드님한테 잘해주세요."

병실의 불이 꺼져도 간호사실은 언제나 대낮, 수술받은 환자들이 밤새 고통스러워하면 빨리 와야 하니까… 새벽 혈압 재는 발자국 저만치 빨간 토끼 눈의 아들도 보였다. 엄마 걱정으로 축 처진 어깨, 얼마나 무거울까? 링거줄에 고인 눈물 소리 없이 떨어지고 있었다.

몸무게

60년 넘도록 다이어트를 성공하지 못했다. 의사가 내 안의 그녀를 도려 내자 저절로 살 빠지는 기적이 일어났다. 거울 속에서 낯선 타인과 마주쳤다. 몸을 지탱했던 살들이 달아나자 빈 껍질에 퀭한 이목구비가 어둑해졌다. 새벽에 비척비척 복도를 지나 체중계에 서면 어제보다 줄어든 눈금에 다리가 떨렸다. 일주일에 8㎏이나 살이 빠지다니… 영화 속 아우슈비츠 감옥에서 나온 듯한 환자가 스쳐 가면 식은땀이 났다. 입맛 돌게 하는 영양주사를 맞아야 살이 찐다는 말이 달콤하게 들렸다. 다이어트가 아니라 출렁이던 예전 뱃살을 불러들이느라 돈을 썼다. 체중계는 매일 숫자로 살들의 희생을 확인했다. 간호사들은 무심히 살들이 사라진 공터의 무게를 기록했다.

오이지

쇠 수세미를 씹으면 이런 맛이 날까? 수술 후 먹는 병원 밥은 고문. 소독약 메슥거리는 침대에서 갑자기 찬밥에 물 말아 먹는 칼칼한 오이지가 생각났다. 왜 하필 죽을 만큼 밥맛없을 때 짭조름한 오이지가 먹고 싶을까? 오이지는 빈 살림에 5남매 기르느라 주름 자글자글한 채 돌아가신 엄마 얼굴. 하늘에서 늙은 딸내미 잘못될까 봐 얼마나 노심초사하실까? 빨리 입맛을 찾아야 하는데… 창밖에서 오이지 반쪽 같은 초승달이 애처로이 병실을 기웃거리고 있었다.

간절한 한 끼

대학병원 푸드코트
크레졸 냄새 밴 소나무 숲
빽빽한 자리마다
황새처럼 앉았다
날아가는 사람들

젊은 부부가
휠체어 탄 아이에게
한 입만 더~
예닐곱 작은 입술
간절히 쳐다보네

아이가 도리질하며
포크를 놓자
안개처럼 번지는 한숨
내 앞의 하얀 순두부
자꾸 목에 걸리네

면회 왔던 딸이
따뜻한 어묵 떠주며
엄마! 한 입만 더~
억지로 넘겼던 국물
내 손이 다 떨렸었지

한 입만 더~
그토록 간절한 한 끼
기도보다 더 엄숙해

퇴원 전날

내일 퇴원
실밥 뽑는 주치의에게
"살려 주셔서 감사합니다"
"수술 잘한 교수님 덕이지요"
눈물이 핑 도네

마지막 밤
갑옷 입고 전쟁터 나가는 장수처럼
복대 단단히 차고 병원 복도를 걸었네

꺼져가던 생명을
다시 싹트게 한
하얀 방
하얀 침대
다시 올 일 없기를…

고양이 양양이가
그새 날 잊진 않았겠지.
빨리 내 집 침대에 벌렁 눕고 싶다.

2부

오늘의 종착지는 어딜까?
하늘을 떠도는 노약자석과
어깨로 스미는 좀비 햇살

꽃버선

생전에
할머니와 엄마가
즐겨 신었던 꽃버선
세상 촌스럽던 그 꽃들이
오롯이 한데 모여
병든 내 발목
고이 감싸고 있네.

경춘전철

5시 03분
첫 번째 이무기가 달려온다

긴 몸뚱이
비늘 문이 열리면
안개를 안고
'스르륵'
스며드는 사람들

느리다는 건
이미 청룡의 기운을
잃었다는 것
시간을 갉아먹는
가쁜 숨소리

S대 병원에 도착해
번호를 대면
하얀 링거줄이
뱀처럼 칭칭

몸을 휘감을 텐데
숨 가쁘고
구토가 날 만큼

오늘의 종착지는 어딜까?
하늘을 떠도는
노약자석과
청년의 어깨로 스미는
좀비 햇살

비늘 문이 열리면
검은 매연처럼
'스르륵'
사라지는 사람들
다시 아득한

초겨울 비

암 병동 주사실
찬비에 젖은 나무들처럼
나무는 서서 울고
나는 침대에 누워서 우네

아무 예고 없이
내 안에 들어와
가기 싫다며
슬피 우는 그 여자
나이테의 노래가 끝나면
누군가 떠나야 하는데
흰 커튼 사이로 보이는
붉은 수혈 주머니
위급 사이렌 소리에
한 노인이 급히
응급실로 실려 가네

하루를 버틴
기적에 감사하듯
죽은 듯 숨었던
딱새 한 마리
빗물 털고 날아가는데…

짜릿함

"따끔해요"
핏줄을 뚫고 전해지는
짜릿한 전율
낚시에 걸린
얼음 속 산천어들이
화들짝 놀라
살겠다고 요동치네.

검은 옹이 꽃

눈밭에 쓰러진
하얀 자작나무
상처 난 자리마다
피어난 검은 옹이꽃

암 병동 6호 주사실
비쩍 마른 팔목에
석이버섯 돋아날 때
커튼 사이로
제사 걱정 한 종손 할아버지
장사 걱정 한 식당 아줌마
쓰러지고 나니 다 소용없다고
줄줄이 누워 입을 여네

방울방울 떨어지는 수액에
목을 축이는
검은 옹이 꽃들.

CT 검사

청량리행 전철역
희뿌연 하루살이
어지럽다.

S대 1층 영상학과
A3669
접수기가 나를 인쇄한다.

푸른 부직포를 걸친 사람들
담요에 푹 덮였다 꺼낸
애벌 고추 되어
전광판에 뜰
번호를 기다린다.

저 둥근 원통 들어가면
건조기에 누운 고추처럼
살과 뼈가 마르겠지
후끈한 약물이
숨을 참았다가
뱉으라고 명령한다.

햇볕도 없이
푸른 날개를 떨구고
한 겹의 붉은 껍질이 된 하루
컴퓨터에 내가 입력된다.

덜컹거리는 춘천행
밤하늘이 하루살이별들을
현란하게 스캔한다.

그 모자

머리카락이 엉성하면
거울 보기도 싫지.

S대 병원 모자 파는 상점
"이 모자 어때요?"
주인이 권한
그 모자는
의외로 고가高價
'그래도 난 환자니까 괜찮아'

하양과 남색의 니트 모자
거울을 보니
퀭한 도토리 한 알
겨우내
시린 머리 감싸주었지

그 모자
봄볕 들 때까지
지인들의
숱한 눈빛에 시달렸지.

새벽 눈 내리고

새벽 3시 30분
누구의 발자국인가?
하얀 버선발들
켜켜이
나무 위에 앉았네

밤새 배곯아 울던
새끼 고양이
먼 길 떠났는지
적막뿐

백합처럼 어여뻤던
아까운 혈육이
상여 꽃으로
나무에 걸려있네

수의 입은
산수유 열매
붉은 상여 타고
이승과 저승
반쯤 걸어가고 있네.

살아있네

물오른 목련 나뭇가지
'툭' 꺾으니
손가락에 묻어난 눈물
살아있네

냉장고 손잡이 잡다가
전기 뱀장어
바늘에 찔린 듯
'찌릿 찌르르'

무심코 자른 나뭇가지
수술대 위의 핏빛 기억
살아있네
다 살아있었네.

손끝에 전해지는
짜릿한 전율
살아 있으니
제발 건들지 말라고
바늘 콕콕
'찌릿 찌르르'

개구리가 사네

2023년 9월 25일
첫 번째 항암 주사 후

머리 속으로
기울어진 팽이가 돌아가고
뱃속은
'꾸륵 꾸륵 꾸르르'
요란한 개구리 울음소리

내 몸에 개구리가 사나?
뒤척거리다가
기어이
화장실로 달려가
산란한 올챙이들

독한 주사약에
살겠다고 우는 거냐
죽겠다고 우는 거냐

아직도 남은 다섯 번
발바닥이 언 고라니처럼
홀로 어찌 견딜까?

'꾸륵 꾸륵 꾸르르'
아직도 봄은 멀었나 보다.

소원나무

S대 암 병동 지하 1층
천주교 원목실 앞의
소원나무

입원하고 열흘 동안
스스로 걸어 들어가
무릎 꿇고
기도드리지 못했네.

누구나 원하는
마지막 잎새의 기적은 희미하고
나무에 매달린 오색 잎은
보나 마나
가슴 아픈 기도들

크리스마스 며칠 전
눈물에 흠뻑 취한 그 나무
잎만 무성한
슬픈 깃발처럼 흐느꼈네.

동지팥죽

동짓날 절에 갔던
최 언니가
문고리에 걸어둔
팥죽 세 그릇

그 맛이
침대 위에 쓰러진
나를 일으켜 세웠어.

암 환자는 액운보다
입맛 없는 게 더 무서워
술술 잘 넘어간 팥죽은
진한 눈물 맛

팥죽 같은 밤하늘에
쌀알로 뜬 별들
희끗희끗
힘내라며 미소 지었어.

3부

여인이 자식을 낳아 짜낸 눈물,
가슴 항아리에 담겨
뼈와 살을 녹여야 젓갈이 돼

만사형통萬事亨通

퇴원하고 닷새 뒤, 아랫집에서 물이 샌다고 올라왔네. 허리를 붙잡고 침대에 기댄 채 업체를 불러 화장실 공사를 했네. 아저씨가 화장실 변기와 세면기, 바닥을 뜯자 물 새는 곳이 발견됐네. 물길이 막히면 수도와 변기가 터지듯 사람의 장기도 막히면 병이 생기네. 동생은 수술 부위가 아물지도 않았는데 뭔 화장실 공사냐? 라며 걱정했네. 사흘 동안의 공사가 끝나 화장실이 말끔해지자 내 몸의 암을 제거한 듯 속 시원했네. 아랫집 물 샜던 방의 벽지를 교체하면서 공사는 마무리되었네. 이웃과 다투지 않고 져주면 마음이 평화롭다는 걸 알았네. 매사 겸허한 마음이 만사형통.

새우젓

저 세밀한 파동을
소금에 절이면
밑간이 되지

세상의 밑간이 되려면
몸을 희생해야 해.

여인이 자식을 낳아
짜낸 눈물
가슴 항아리에 담겨
젓갈이 되려면
동굴에서
뼈와 살이 녹는 고통을
감내해야 해

우린 그걸
세상에서 가장 낮고
어두운 곳에서
몸 삭힌
밑간이라 부르지.

동창들

초등학교 동창회 가서
한우를 세 절음도 못 먹고
수저를 내려놓았네.
시끌벅적한 웃음소리
안쓰럽게 쳐다보던 눈길

며칠 후 우렁각시가 나타났네.
현관문 앞에 둔 과일 바구니
우편으로 보낸 정관장 인삼
꿈에서 넘어진 나를 봤다며
울먹이던 하얀 봉투
애틋한 마음이
통장에 낟가리처럼 쌓였네

고기를 못 먹는데도
배가 부르고
두렵고 지칠 때마다
은하수가 촉촉이
눈가를 적셔 주었네.

홈쇼핑 중독

홈쇼핑에서
겨울 코트를 샀다
계절이 바뀌었는데
옷 정리할 힘이 없어서

옷장을 열면
리어카에 실린 폐지처럼
널브러진 옷들
탯줄이 달린 새 옷과
눈이 마주쳤다.

주사약보다 강한
홈쇼핑의 유혹
제짝 잃은 신발들이
방황하는 사이
그새 난 또다시
핸드폰 구매 번호를 눌렀다.

'회색빛 환자가
옷까지 초라해선 안 돼?'
현관 앞에 쌓인 박스들이
비웃어서
커터 칼로 그의 입을 찢은
난
독한 중독자.

산나물

고기를 보면 메스껍고
생선을 보면 망설이다가
풍물장 할머니들이
뜯어온 산나물엔
덥석 지갑을 열었지

향긋한 산나물을
살짝 데쳐
목으로 넘기면
몸속 깊이
타들어 가던 논에
몽글몽글
옹달샘이 솟았지
말랐던 벼들이 허리를 펴고
이슬을 털 듯
입맛 상큼했지

아이스팩

냉동 생선
스티로폼 박스 속의
아이스팩 두 덩어리
유방암 걸린 지인이
가슴에 넣었다는
보형물 같아서
가슴 먹먹했네.

나무는 서서

어린나무는
서서 젖 먹고
서서 노랗게 눈뜨고
서서 조금씩 자라네

엄마 나무는
서서 꽃향기 풍기고
서서 푸른 잎 넓히고
서서 아기그네 태우네

모진 폭우에
허리 꺾인 엄마 나무
땅에 쓰러져서도
자식들이 잘 자라길
엎드려 비네.

썩은 껍질 벗기면
드러나는 하얀 젖가슴
죽어서도 오로지
자식 먹일 생각뿐인
엄마!
엄마들!

수국

지난해 황홀했던 보랏빛 꽃송이
겨울철 상할까 봐 거실로 옮겼더니
꽃은 안 피고 푸른 잎만 무성해

꽃가게 주인은
'겨울 찬바람 견뎌야 꽃눈 든다' 하네
온실에서 찬바람, 햇빛 다 놓치고
웃자란 삼포시대* 청년들
꽃피우지 못하고 시든 이유
너를 보고 알았네.

*삼포시대 : 연애, 결혼, 출산을 포기하는 시대

하얀 사금파리

햇빛 속에 반짝이는
저 아낙
잡초포대기 둘러 업고
한 백 년 누굴 기다렸나?

한 가족 북적이던
개다리소반의 꽁보리밥
사람은 떠났어도
무딘 향기는 남아

밤이 되면
깨진 이마에 별이 뜨는
저 아낙
윤사월 달빛에
덜컥 가슴을 베였나 보다.

찔레꽃

새하얀 모시 속옷
바람의 손길에
몸을 떠는 여인들

치마 속에 숨어든 뱀
쉿 비밀이야!
앙큼하게
청초하게
흐르는 꽃 웃음

봉의산

봉鳳이 수만 년 덕을 쌓은 봉의산
이보다 더 큰 목숨이 어디 있으랴
경인년庚寅年 유월* 피 흘려 지킨 소양강
푸른 깃털 겸허히 하늘 연못에 닿았네.

황재국 교수 개인전(춘천의 시인 10명 선정, 춘천풍경에 관한 시)
* 경인년庚寅年 유월 : 6·25 전쟁

죽은 새 한 마리

만천천 산책길
개미 떼에 물려
파닥이는 아기 새
가늘게 퍼지는
생명의 파동

눈도 못 뜬 채
연이틀
화답하더니
오늘 아침 영영
날개 접었네

부처님은 전생에
배고픈 호랑이 가족에게
몸을 보시했다는데
엄지손가락 만한 몸
그냥 자연에 내어줄 것을…

봄볕 한 줌에

불탄 산비탈
잿빛 땅 디디고
봄볕 한 줌에
목 내민 고사리

등 굽은 할머니가
똑 꺾어서
펄펄 데쳐
평상에 너니
봄볕 한 줌에
뼈 비녀 되었네.

새댁 머리 장식했던
옥비녀 어디 갔나?
푸른빛 검붉게
마르다가
사라지는
평상 위의 할머니들

수술 2년 후

수술 2년 후 의사가
"이젠 1년에 한 번만 와도 돼요"
내 안에서 쫓겨 난 그녀는
이미 아스라한 허공

수술 2년 후
가을걷이한 고향 집 대문
생명의 문고리
꽉 잡아 열어젖혔지.

밤마다
강으로 돌아온 연어가
따스한 달빛 노트에
붉은 알 산란하는
꿈을 꾸었지.

출산

힘을 주면
내장이 터질지도 몰라
곱창집 지나치면
속이 매스꺼웠네.

열흘간 막혔던
오물의 통과 신호는
산통보다 지독해
이틀간 배를 쥐고
식은땀 흘렸네

찢을 듯한 고통
외마디 소리 지르며
드디어
뱀 한 마리 출산했네.
휴!
이제야 살길이 열렸네.

4부

햇빛에 볶은 커피와
옥수수빵 놓고 너와 나의
그림 일기장 펼치리

불두화

부처님 오신 날 봉덕사 입구
진초록색 포대기 안고
탐스럽게 핀 하얀 찐빵 꽃

열 살 때 엄마가
찐빵 심부름 보내면
한 개 먼저 꿀꺽 먹고
시치미 뗐네.
알고도 모른 척
하나 더 꺼내
반으로 쪼개 주셨던
엄마!

하얗고 탐스러운
엄마 살 내음
꽃송이 부풀 때마다
눈물이 나네.

귀향

화천군 간동면 오음리
67년 전 태어났던 곳으로
나 돌아가리
반백의 할머니 되어

고향 집과 부모님
오음초교 사라졌어도
정월대보름 친구와
달맞이하던 마당으로
나 돌아가리
어린애처럼 엉덩이 춤추며

밭 한 떼기 없이
면장 하셨던 아버지
심성 고왔던 어머니
유독 나를 아꼈던
할머니에게
인생은 눈 감았다 뜨니
사라지는 풀꽃이었다고 말하리.

나 고향에
밭 한 떼기 장만해
꽃과 상추 키우는
농장 카페 열어
친구들 부르리

테이블마다
햇빛에 볶은 커피와
구운 옥수수빵 놓고
너와 나만 아는
그림 일기장 펼치리

가끔 냇가에 들러
맨발 간지럽히는
송사리 떼 만나
어린애처럼 엉덩이 춤추리.

수정 촛대 위에 황홀한 촛불을 켜네

오늘은
참, 황홀하게 외로운 날

내 품에 있던 작은 샘이
또 다른 샘을 만나
〈인재원〉 숲길에 서고
어미의 사랑이
상고대 수정 촛대 위에서
가늘게 떨고 있네

작은 샘아!
한겨울 앙상한 나무 위
겨우살이를 보았니?
세상의 어미들은
눈 폭풍 속에서도
심장을 쪼개 얼린 붉은 핏방울과
푸른 입술로
오롯이 자식을 지켜낸단다.

결혼은
하나의 샘이

또 다른 샘을 만나
사랑을 완성하는 일
한겨울 따스한 입김
한여름 차가운 냉기가 화합해
생명이 싹튼단다.
머지않아 하얀 눈밭을 걸어간
발자국 네 개가
여섯 개가 되어 돌아오기를…

오늘은
참, 황홀하게 기쁜 날
하얀 백로 한 쌍
날아간 허공을 향해
무수히 터지는
별들의 폭죽을 보렴
감사한 마음
가슴에 고이 담아
선행 펼치는 불씨로 쓰기를…

– 딸 새미나 결혼식 축시

햇살 따스한 겨울 길목에 서서

어스름 깃든 하늘
한 소년이 꼭 쥐고 달렸던
9월의 추억*이
자홍빛 노을로 번집니다.

노란 은행잎 지는 소양강에
회한처럼 번지는 은빛 햇살
93세 소천하신
하얀 어머니가 흐릅니다

30대 여린 청상의 몸
쇠똥구리처럼 질빵 지고
오르다 구른 산비탈에
마지막 구절초가
하얗게 울고 있습니다.

어머니!
그래도 마지막 길은
사랑하는 아들과 며느리의

새벽 기도로
외롭진 않으셨겠지요.

일곱 구비 모래밭
쟁기로 일군 밭고랑에서
34년간 노모를 돌본
현명한 아내를 만나
사랑하는 자식과
눈에 넣어도 안 아픈
손주를 얻었습니다.

수확 끝난 빈 밭을
가득 채우는 건
주님을 향한 은혜와 기도
여기
햇살 따스한 겨울 길목에 서서
모든 이들에게
빨간 찔레꽃 열매의
고백을 바칩니다.

엄청나게 사랑하고
엄청나게 감사하며…

*9원의 추억 (경사 허남석 작가의 책 제목)

– 출판기념회 축시

CC카메라

거리를 감시하는
눈뜬 부엉이들
눈물도 없이
위반 통지서 찍는다.
엘로우 존 보상은
더 크다.

CC카메라가
경찰을 불러
도망가는 도둑을 잡고
치매 노인의 집을 찾아주고
뺑소니차를 잡는다

어미의 가슴에도
잠 못 이뤄
눈 빨간
부엉이가 산다.
아들이 야간 근무하면
뜬 눈으로
발부되는 근심 스티커들

밤새
별 파편 끌고 오는
아들의 발자국
가슴에 찍는다.

찔레나무

찔레꽃 입술
무슨 말 하고 싶은가요?
6·25참전 유공자 문패처럼
아파트 울타리에 걸린
하얀 혼백들

6·25 기념식장에서
낭독된 구십 노병의 편지
죽어가던 전우가 고향 집에 전하랬는데
75년간 약속 못 지켜 미안하다며
마른 입술을 떠네.

참전용사 아버지!
무슨 말 하고 싶은가요?
매듭달* 아파트 울타리마다
방울방울
빨간 우체통 달아놓으셨으니

*매듭달 : 12월의 순우리말

그저 봄·봄인 것을

노란 민들레꽃 사이를
달려오는 청춘열차
봄이 오네
연인들이 오네

생은 보이지 않는 유리공
어느 장인이
불에 달군 대롱에
아지랑이 숨결 불어 넣었나?

봄의 가슴을 관통해
떠나는 청춘열차
민들레 홀씨처럼
봄이 가네
홀로 노인들이 가네
오는 봄 못 잡듯
가는 봄도 못 잡으니
그저 유정의 봄·봄*인 것을…

*김유정 작품의 '봄·봄' 인용

김유정 동상

땡볕에 서서
금병산을 읽어요

후끈한 바람이
검은 도포 휘감아요

너른 뜰에 서서
한 걸음 떼지도 못했는데
뜨거운 책갈피 속으로
청춘전철이 지나가요

달궈진 무쇠솥 안에
채송화 이야기들이 오글거려요.

매발톱꽃 편지

봄이 되면
해마다 풍성했던
현대아파트 301동 화단

한 노인이
집안의 화초들 방생해
꽃 천지 이루더니
올해는
텅
비었다

고무호스 물 뿌리면서
주름진 다복밭*에
이슬 매달고
웃던 할머니
하늘도
텅
비었다.

홀로 핀
하얀 매발톱꽃
무슨 소식 전하려다 말고
고개
푹
숙였나

*다복밭 : 가지가 많이 퍼진 어린 소나무가 많이 들어선 곳

오대산 나옹대에 서서

천만년 정진한 청산
팔각의 기둥 되고
허공을 떠돌던 깃털 하나
말없이
오색단청 올렸네

창공에 우뚝 선
나옹선사의 시비
억겁의 칡꽃향에
문득
산허리에 걸린
흰 구름 떠다가
마음 때 씻어낼
빨래판 하나 품어보네

노시인의 즉흥 하모니카
'고향의 봄'
청산을 울리니

지난해 노모 여읜
덕행 스님 가슴에
티 없이
떨어지는 폭포 한줄기

잎새 달

나무마다 파릇파릇
새잎 돋는
잎새 달*

꽃봉오리 솟은
목련 나무에
홀로 앉은 직박구리
지난해 왔던 짝
어디 두고
혼자 울며 혼밥일까?
혼밥이 서러운 건
너나 나나 마찬가지

잎새 달 나뭇가지에
푸른 눈물 싹 트면
입맛 없이 쪼는 봄볕 따라
피어나는 꽃 입술

*잎새달 : 4월의 순우리말

답장 없는 편지

선생님이 월남파병 국군 아저씨께
위문편지 써 오라고 했다.
"왜 써야 하지? 얼굴도 모르는데…"
매번 답장은 없었다

7월의 매미가 목 터지게 울던 날
옆집에서 우체부가 나오고
꽃다운 스무 살 동구네 누나의
울음소리 들렸다.

"귀국하면 둘이 결혼한다고 했는데…"
엄마의 목소리 어렴풋한 쪽마루
슬픈 편지지에
"국군 아저씨들이 월남 가서
목숨 바쳐 싸우는지 몰랐어요.
꼭 살아서 돌아오세요!"
고개 숙인 백합처럼
숙연히
답장 없는 편지를 썼다.

원창고개 표지판

정월 초하루
원창리 고갯길 넘어
춘천안식원 가는 길
눈 덮인 산들
생전의 아버지 머리카락처럼
하얗게 흩날리네

좁디좁은 단지 안의 넋
살피지 못한 죄 어이하리
부리가 언 까마귀처럼
연신 절 올리네

혼의 붓이 휘갈긴
'입춘대길'
죽은 터에서
봄을 잉태하는 방

원창리 고개는 인생길
평지의 봄꽃들
오르막길에선 낙엽
고갯마루 서면
흩날리는 백설

유명인도 무명인도
차별 없이
죽은 이들의 집을 안내하는
원창고개 표지판.

효자동 벽화마을

효자동 벽화마을은
전설과 현실이
공존하는 샴쌍둥이 길

효자 반희언의 이야기
기록하면 역사
구전하면 전설

3대를 이어온 평양막국수에서
막국수 한 젓가락 뜨다가
돌아가신 아버지 생각에
눈시울이 시큰

천사의 날개가 그려진
벽화에 기대
셀카 찍으면
천사는 날아가고
살찐 비둘기만 남아

효자동 벽화가
거울 속으로 걸어가네
볼 빨간 담쟁이덩굴
가슴 휘감는데…

막다른 가을

봉의산의 옆구리 곪아
고름이 흘러내린, 돼지골
폐지 줍는 리어카는
노인을 지키는 충견

지난 여름의 폭서暴暑
낡은 선풍기로 버텼는데
사업 자금 없다는 아들에게
통장 전부 내줬다가
아예 소식 끊긴
참전 용사 한씨
깡마른 벽
칭칭 감은 담쟁이덩굴
저 찬란한 악연
언제부터 시작되었나?

그래도
방문 손잡이 따스한 건

산더미 같은 폐지와 바꾼
떡 몇 조각
라면 몇 봉지
들락날락했기 때문

오늘
시멘트처럼 굳은
사람들의 가슴에
22개 숨구멍 뚫린
연탄이 배달되었네.

살아야지
그래도 살아야지
이 악물고 버티다가
119구급차에 실려 가는
막다른 가을.

청동빛 그 남자

마른번개의 섬광
아무도 예기치 못했다
75년 전 6월의 그날

춘천시 서면 카페 미스타페오
낡은 정원에서
머리 푹 숙이고 서 있는
청동빛 그 남자
시선은 오직 발아래
녹슨 눈물에
잡초씨만 떨어져

저 매발톱꽃은
전하지 못한 말 하도 많아
입술 깨물다 피멍 들었나!
인동초 넝쿨
가시 밧줄 되어
온몸 칭칭 휘감았네

열일곱 소년병
전몰戰歿 포화 속에서
두 다리 멀쩡히
홀로
살았던 것도 죄였더라

마른번개의 섬광
75년 전 6월처럼
망연히
핏빛 눈물 삼키는
청동빛 그 남자

5부

법이 헐렁한 그물
느리게 손질할 때
모방과 증거인멸을 꿈꾼다

구곡폭포

우렁찬 푸른 물줄기
얼음 사찰에 갇혀
동안거冬安居

천 길
얼음 갈비뼈 속은
침묵의 경전

찰나에 멈춘
희뿌연 빙벽을
송곳 발톱 찍으며
오르는 사람들

허공에 뜬
먼지 한 톨
무엇을 얻으려고
자꾸 오르려고만 하나.

모순
- 영생불멸 -

중국 행사장에 온
3인의 독재자들이
장기이식과 생명공학으로
150살 넘게 살겠단다

애국심 빌어
우크라이나 전쟁에
수천 명 젊은이들 죽이고
북한의 용병들
총알받이 당했는데
지들은 죽지 않고
영원히 살겠다니

미켈란젤로는
천정화 마지막 심판에
빈 껍데기로 매달린
자화상을 남겼는데

불꼬챙이에 꿰어
거꾸로 매달린
박쥐 3인방이
이념과 황제를 초월한
영생불멸을 꿈꾼다.

모순
- 용감한 형사들 -

형사가 용감한 건지
용감해서 형사인지
요즘 인기 끈 TV 프로그램

피해자는
처참한 진흙 발길에
부서진 나비
가해자는
알리바이 진흙에 숨은
미꾸라지

직접 증거 없으면 무죄
도대체 인권은 누구 편인가?
솜방망이 처벌에
돈이 정의보다 힘세다고
비웃는 범법자들

법이 헐렁한 그물을
느리게 손질할 때
범죄자들은
더 치밀한 증거인멸을
꿈꾼다.

도대체 인권은 누구 편인가?

모순
- 최후의 한 방 -

한 대학생이
기말시험 전날 밤
기숙사 편의점 가다가
차 바퀴에 동강 난
독사에 물려
구급차에 실려갔네.
독사는 죽어서 억울하고
학생은 시험 못 봐 억울하고

성추행당하고
죽은 여군 사진이
국화꽃 속에서
환하게 웃던 날
밤하늘의 대장별
우수수 떨어졌네.

사무친 억울함이 날린
최후의 한방
죽은 후에야
빛을 보는
슬픈 어퍼컷.

모순
- 맨홀 -

안전을 위한 맨홀이
행인을 삼켰네.
언제부터 내 발밑이
무덤이었나

개미귀신이
개미의 발목을 잡아채듯
쓰레기 물 폭탄이
휘몰아치네.

거센 빗줄기에
희뿌옇게 뜬 물체들
앞을 봐!
아래도 조심조심!
그러나
스마트폰에 목줄 걸려
끌려가는 사람들

발 아래
입 벌린 무덤들
안전을 위한 맨홀뚜껑
언제부터 무덤 덮개였나?

모순
- 확증편향 -

유리창 햇빛만 쫓다가
오른쪽 왼쪽
기형이 된 화초들
귀를 닫았다.

소통하라는 국회는
N극과 S극의 자석판
강한 힘 자랑하듯
뒤엉켜 고성 질러야
제 이름값 한다.

햇빛은
단 한 번도
자신을 숭배하라고
강요하지 않았지만
기울어진 귀들이
촛불을 켜고
무덤으로 모인다.

비석의 이름은
'확증편향'*
알 수 없는
기괴한 소음
기형의 귀들
창살에 갇힌다.

* 확증편향 : 자신이 믿고 싶은 대로 생각하고 말하는 것

빈껍데기

시멘트 바닥에 누운
까만 비닐봉지
소슬바람 품고
몇 걸음 날아 가다가
멈추네

바람 따라
움직이는 건
모두
생生 일까

빗방울에 젖어
축 늘어진 건
모두
사死 일까

까만 비닐봉지
멈췄다 날아가네
빈껍데기
날아가다 멈추네.

화천 한옥학교 수료식

누에고치의 씨줄과 날줄
비단이 되고
소나무의 가로살과 세로살
창호가 되네

범부채 꽃잎에 핀
석별의 정
나무의 숨결에
화천 한옥학교 소목반 32기
이름을 올리네

천년의 인연이 담긴
한옥 창호
바람이 흔들어도
달빛은
흐트러지지 않아

만남과 헤어짐은
돌고 도는 나이테
도라지꽃 무더기에 새긴
무심한 미소
가슴 아린 구름이
흩어지네.

붉은 도시

불타는 4월의 경포호
도깨비 혓바닥
하늘로 치솟더니
바다를 넘어
산맥을 넘어가네.

경포호 왕벚꽃나무
꽃핀 채 화형당하니
반세기 만에
깨어난 가시연꽃
화들짝 눈을 감네

검은 비
떨어진 자리마다
돋아난 새싹
회색빛 하늘 위로
강릉에게 희망을
7월의 '세계인의 합창'
울려 퍼지네.

석별惜別
- 스승의 부고 -

목수의 몸엔 나무의 탯줄이 있네, 큰 목수가 평생 나무와 놀다가 나무가 되었다는 부고. 그는 평생 한 치의 어긋남 없이 자와 톱, 기계를 음악처럼 사랑한 대찬 꼰대였네, 한옥학교 그만두면 산에 작은 목공소 만들어 놀겠다 하더니 불현듯 앞당겨 떠날 줄 몰랐네, 예고 없는 이별에 주흥 산나리꽃과 벌레 먹은 모과들이 몸을 떨었네. 화천 한옥학교 소목반 창호에 불이 꺼졌네. 끌을 갈고 눈금을 재며 호탕하게 웃던 목수들의 여름이 빛바랜 가을빛으로 기울었네. 스승이 나무로 돌아간 날, 요란한 기계음 멎고 하루 종일 까마귀 울었네. 큰 목수가 한평생 나무와 놀다가 산속 어머니의 품으로 날아갔네. 을씨년스러운 밤, 한옥 창호에 든 달빛 푸르게 녹슬었네.

밤꽃 여인

기숙사에 밤꽃 향기 진동하네. 00반에 입소한 억센 50대 여자가 새벽 2시에 매일 밤마실 가네. 남편과 각 방 쓴 지 20년 넘었다더니 일 배우는 것보다 급한 볼 일이 있나 보네. 룸메이트 60대 여자는 새벽에 발정 난 고양이처럼 살그머니 나가는 그녀 때문에 신경이 날카롭네. 탐욕의 끝을 갈 때마다 날 선 달빛이 창호를 찌르네. 누굴 만나는지 아무도 모르네. 아니 알면서도 모두 모른 척하네. 심기가 불편한 밤꽃 여인이 발톱을 세워 나이 든 여자를 공격하네.

몽유병처럼 떠나는 밤마실은 천둥번개와 폭우가 쏟아지던 날도 예외 없었네. 다음날 누가 묻지도 않았는데 어젯밤 혼자 차 안에서 폭우를 즐겼노라고 독백하네. 흠뻑 젖은 운동화가 햇볕에 말라가는 동안 밤나무들이 어젯밤 남은 꽃잎 황홀하게 털었노라고 고백하네. 밤꽃 여인의 요사스러운 웃음과 인근 양계장 닭똥 냄새가 코를 찔렀네. 밤나무꽃 떨어져 푸른 가시 맺힐 무렵 00반 수료식으로 사람들이 흩어졌네. 그녀의 은밀한 밤마실은 끝

났지만 밤나무에 꼭꼭 숨겨 둔 비밀 알차게 익어가네. 가시 껍질을 찢고 나온 그녀가 누렇게 탄 낙엽 이불을 덮었네. 벌레를 밀애처럼 품은 초겨울은 유난히 더 스산하네.

귀어 歸漁

암 환자 시인이 환우들에게 바치는 희망 이야기

발행 2025년 11월 20일
지은이 김현숙

인쇄 도서출판 태원
강원특별자치도 춘천시 서부대성로 110-2
전화 (033)255-0277
E-mail tw0277@hanmail.net

ISBN 979-11-6349-157-6 03810
ⓒ김현숙, 2025, korea

정가 13,000원

본 저작물은 김현숙의 소유물이므로 사전 승인 없이
본 내용의 전부 또는 일부에 대한 무단 전재 및 복제를 금합니다.

이 도서는 강원특별자치도 강원문화재단 후원으로 발간되었습니다.